FRA NULL TIL E-HANDELSHELT

5 trinn til suksess med 100 dollar i millionklassen

Av Abraham Wright

Innhold

FOROVER

<u>Slik bygger du opp en millionforretning på nettet i 5 trinn med mindre enn 100 dollar i måneden:</u>

Abraham Wrights bok "From Zero To E-Commerce Hero" er en praktisk fortelling for gründere som søker pragmatisk innsikt i et e-handelslandskap i stadig utvikling. Abrahams egen reise i e-handelsbransjen gir innsikt i de grunnleggende prinsippene som kreves for å lykkes i denne svært konkurranseutsatte bransjen. Boken presenterer en omfattende og enkel plan og er fylt med konkrete tiltak som gjør det mulig for ambisiøse e-handelsgründere å oppnå suksess i millionklassen uten behov for betydelig kapital.

Disse trinnene omfatter blant annet å finne en lønnsom nisje, etablere partnerskap med lokale leverandører, skape en overbevisende tilstedeværelse på nettet, mestre kunsten å sette priser og navigere effektivt i SEO og markedsføringsstrategier.

I en verden der e-handelssuksess kan virke uoppnåelig, tilbyr denne boken en fortelling som er både gjenkjennelig og praktisk, og veileder gründere på veien fra **null til e-handelshelt.**

Ansvarsfraskrivelse:

Formålet med innholdet i denne boken er å gi innsiktsfull og informativ informasjon om de ulike temaene som tas opp. Alle tall som er inkludert i denne boken, er kun illustrerende og har ikke noe annet formål enn å underbygge forfatterens teoretiske argumenter.

Forlaget og forfatteren er ikke ansvarlig for eventuelle skader eller negative konsekvenser som kan oppstå som følge av handlinger eller mangel på handlinger fra personer som leser eller følger informasjonen i denne boken. Ingen av partene kan holdes ansvarlig for handlinger som utføres eller ikke utføres som følge av lesing av denne boken.

Referansene i denne boken er kun ment som informasjon, og skal ikke oppfattes som anbefalinger av bestemte nettsteder eller andre kilder. Leseren bør også være oppmerksom på at nettstedene som det henvises til i denne boken, med tiden kan endres eller bli irrelevante.

INNLEDNING

Mange har et mål om å bli økonomisk uavhengige, og målet er å frigjøre seg fra den tradisjonelle 9-17-arbeidsdagen, der stresset med å leve fra lønnsslipp til lønnsslipp kan hindre personlig utvikling. Veien mot økonomisk selvstendighet starter vanligvis med at man får en idé og krever hardt, målrettet og konsekvent arbeid. Fokus er en av de viktigste faktorene som avgjør hvor vellykket denne satsingen blir.

Å holde konsentrasjonen oppe innebærer å kvitte seg med alle unødvendige distraksjoner som kan trekke oppmerksomheten bort fra det målet man har satt seg. I denne boken presenterer jeg en oppskrift som har vært vellykket for en rekke personer, en oppskrift som gjør det mulig for deg å starte et forretningseventyr til flere millioner dollar med en investering på under 100 dollar. Jeg vil presentere denne planen slik at du kan utnytte potensialet i den. Denne strategien er en av de forretningsstrategiene jeg har kommet over som har minst mulig risiko, og den er absolutt gjennomførbar. For å komme i gang med dette eventyret er alt som kreves tilgang til en datamaskin og internett.

Handlingene som er skissert i denne planen, er enkle å forstå og enkle å gjennomføre. Når du har bestemt deg for en spesialitet og funnet en leverandør, er arbeidsmengden faktisk ganske overkommelig, og du kan til og med delegere visse oppgaver til en gratis agent. Dette er en velprøvd strategi som kan hjelpe deg på rett vei mot målet om å bli økonomisk uavhengig.

Trinn 1: Identifisere en nisje

Å finne en nisje er en komplisert og mangesidig oppgave som krever grundige undersøkelser, strategiske overveielser og en omfattende forståelse av den tiltenkte kundebasen. Entreprenører må identifisere uoppfylte behov eller underutnyttede sektorer i en bransje og tilpasse tilbudene sine for å imøtekomme disse behovene.

Reisen begynner med en grundig markedsundersøkelse. Risikokapitalister må analysere det bredere industrielle miljøet for å identifisere trender, tomrom og muligheter. Det anbefales å gjøre undersøkelser av konkurrenter, kundeatferd og nye teknologier eller fremskritt.

En blomstrende nisje samsvarer ofte med gründerens interesse- og kompetanseområde. De som er oppriktig begeistret for faget, er mer tilbøyelige til å opprettholde engasjementet og fremme innovasjon. Derfor er det viktig å tenke på seg selv og finne ut hvilke bransjer eller emner som virkelig fanger interessen deres.

Det er avgjørende å avgrense målgruppen. Entreprenører bør utvikle omfattende personkarakteristikker for å få innsikt i demografiske forhold, preferanser og utfordringer som potensielle kunder står overfor. Dette gjør det mulig å skreddersy tjenester og produkter som tilfredsstiller spesifikke krav.

Det er viktig å sette seg inn i konkurransesituasjonen. Gründere bør evaluere fordelene og ulempene til dagens aktører innenfor det valgte markedssegmentet. Dette kan gjøre det lettere å identifisere områder der de har eksepsjonell kompetanse eller kan tilby et særegent verditilbud.

Det er lurt å foreta en grundig validering av forretningskonseptet før man investerer fullt ut i en nisje. Dette kan gjøres via fokusgrupper, spørreundersøkelser eller til og med ved å tilby et minimum levedyktig produkt (MVP) til en utvalgt gruppe potensielle kunder.

Etter at selskapet er etablert, bør innehaverne kontinuerlig evaluere og videreutvikle tilbudet i tråd med kundenes innspill. Dette sikrer at produktene eller tjenestene tilpasses for å tilfredsstille de skiftende kravene i nisjemarkedet.

Før man kan skape en nisje, må man etablere en solid merkevarenærvær. En unik merkevareidentitet, et unikt budskap og en unik fortelling kan hjelpe en bedrift med å differensiere seg og etablere en dypere kontakt med målgruppen.

Effektiv innholdsmarkedsføring er avgjørende for å nå ut til og påvirke en bestemt målgruppe. Ved å produsere instruktivt og relevant innhold av høy kvalitet kan en bedrift etablere seg som en autoritet i bransjen og tiltrekke seg nye kunder.

Utvikling av relasjoner i nisjemiljøet kan føre til muligheter for partnerskap og samarbeid. Dette kan potensielt gjøre det lettere for organisasjonen å utvide sitt publikum og etablere troverdighet.

Endelig er årvåkenhet og fleksibilitet viktige egenskaper. Konkurransen, markedsforholdene og forbrukernes preferanser er alle utsatt for endringer. Entreprenører må være årvåkne når det gjelder disse trendene, og være forberedt på å tilpasse strategiene sine deretter.

Å finne en nisje krever en kontinuerlig og dynamisk prosess som kombinerer dybdekunnskap, entusiasme, fleksibilitet og omfattende markedsundersøkelser. Det handler om å identifisere uoppfylte behov og utvikle spesialiserte løsninger som appellerer til en spesifikk kundekrets, og dermed bidra til vekst og fremgang for virksomheten.

Det er viktig å finne en nisje som samsvarer med dine individuelle preferanser og evner. Hvis du har en sterk lidenskap eller interesse for kunst, bør du undersøke nisjer innenfor dette fagområdet. På samme måte bør personer med programmeringskompetanse eller en forkjærlighet for teknologi prioritere segmenter som ligger i nærheten av deres kompetanseområde.

Grunnen til at man velger et fagområde som er i tråd med ens personlige interesser og evner, er at man da kan vie seg helhjertet til og trives med gründervirksomhet. Du vil naturlig nok bruke en betydelig del av energien og entusiasmen din på å utvide virksomheten din, og dermed øke sannsynligheten for at den lykkes.

Selv om det er mulig å gå inn i nisjer som ikke har noe med din ekspertise eller dine interesser å gjøre, kan det bli vanskeligere etter hvert som virksomheten vokser.

Under gullrushet, da Levi Strauss for første gang forsøkte å etablere en denimforretning i USA, oppdaget han en tydelig og fordelaktig nisje i markedet. Før den tid var de fleste privatpersoner og bedrifter opptatt av å forsyne gullgraverne med gruveverktøy og -utstyr, som spader og kart. Ikke uventet var det liten oppmerksomhet rettet mot betydningen av å utvikle passende arbeidsklær for gruvearbeidere som drev med gruvedrift.

Levi Strauss var usedvanlig fremsynt da han fant en løsning: å produsere bukser i et elastisk stoff som var både funksjonelle og estetisk tiltalende. Uten at han visste det på den tiden, skulle denne banebrytende uniformen utvikle seg til å bli et av det 21. århundrets mest gjenkjennelige moteikoner. Enda mer forbløffende er det faktum at Levi's-buksene fortsatte å eksistere lenge etter at gullrushet var over. Til gjengjeld holdt de ut og har opprettholdt sin suksess helt frem til i dag, og har utviklet seg til et internasjonalt kjent og varig kles- og denimmerke.

I likhet med Levi Strauss' suksess er det viktig å identifisere sin nisje før man går i gang med en gründervirksomhet. Det anbefales på det sterkeste å velge en nisje der produktene er relativt små i størrelse og vekt, spesielt hvis målet er å etablere en fremgangsrik nettbutikk. Som nyetablerer er det lurt å etterstrebe effektiv styring av fraktkostnadene og utnytte enkle logistikkalternativer, for eksempel små rederier og posttjenester.

Selv om det ikke er umulig å begynne med store eller tunge produkter, foretrekker markedet generelt varer som er enkle å sende. Forfengelighetsvarer og handelsvarer er eksempler på produkter som vanligvis får raskere fotfeste i nettbutikken. Unngå likevel å bli for opptatt av produktets dimensjoner, volum eller vekt. Det viktigste er å definere og identifisere nisjen din. Når du har identifisert nisjen din, blir det lettere å finne ut hvilke produkter som passer best for nettbutikken din.

Det er viktig å utvikle en omfattende forretningsplan som tar for seg alle aspekter, inkludert produktvalg, markedsføring og salgsstrategier. En fordel med denne forretningsmodellen er at det ikke er nødvendig å eie produkter eller kjøpe inn produkter fra grossister. Det er heller ikke behov for konkret lagerplass, ettersom man kan benytte seg av en leverandørs lagerbeholdning for å dekke kundenes behov.

Det er mulig å bruke MAGIC-formelen som kompass for å finne din nisje. MAGIC, som står for Cash-flow, Innovation, Awesomeness, Greatness og Money, er alle viktige elementer som nisjen din bør inneholde. La oss se nærmere på følgende aspekter:

Det bør være mulig å tjene penger på den nisjen du velger. Vurder dette ved å analysere de økonomiske komponentene. Hva er den årlige salgsinntekten, målt i millioner eller milliarder dollar, som produkter innenfor din nisje genererer? Gjør en analyse av trendene; øker eller synker disse tallene? Penger er en viktig indikator på hvor levedyktig nisjen din er.

Vurder om produktene i din nisje virkelig er fenomenale. Vil forbrukerne oppfatte dem som så tiltalende og overbevisende at de rettferdiggjør et kjøp? Har disse produktene en autentisk kvalitet og evne til å forbedre kundens liv? Husk alltid at kundene kjøper noe verdifullt for pengene sine.

Begrepet storhet handler om den verdien produktene dine gir. De bør være særegne og ha en funksjon som appellerer sterkt til mottakerne. Kundene er villige til å investere i et eksepsjonelt produkt fordi det effektivt tilfredsstiller deres behov eller løser deres problemer.

Innovasjon er en transformativ kraft. Nisjen din bør, i likhet med det øyeblikket Steve Jobs presenterte iPhone, inneholde innovative komponenter som har potensial til å forstyrre markedet eller revolusjonere en bransje.

Innovative produkter har evnen til å fange forbrukernes oppmerksomhet og skape varig innflytelse.

Det er avgjørende å etablere en bærekraftig kontantstrøm. Selskaper må raskt generere inntekter. Potensielle investorer kan bli avskrekket fra å investere, selv om du har et genialt konsept eller produkt, hvis det tar flere år å få avkastning på investeringen. Privatpersoner foretrekker å få avkastning på investeringene sine så raskt som mulig. En solid forretningsstrategi bør garantere en rask oppbygging av kontantstrømmen.

Overføring av budskap via kanaler som kan nå et bredt publikum, er et grunnleggende prinsipp i markedsføring. For eksempel kan et budskap som "America is great" på en en-dollarseddel eller en annen mye brukt valuta potensielt nå ut til millioner av mennesker. På samme måte bør nisjen din ha evnen til å engasjere og skape kontakt med et bredt publikum. MAGIC-formelen kan altså hjelpe deg med å identifisere et markedssegment som ikke bare har økonomisk potensial, men også kundeinteresse, verditilbud, innovasjon og en jevn kontantstrøm, og som dermed er i tråd med prinsippene for fremgangsrike bedrifter. Det er viktig å finne en markedsnisje som tilbyr et bredt utvalg av produkter. Jo større variasjon en nisje tilbyr, desto større er sannsynligheten for å oppnå et effektivt salg. Selv om det er mulig å etablere en nisje rundt et enkelt produkt, er det avgjørende at produktet følger MAGIC-formelen og har særegne og banebrytende egenskaper.

Da jeg startet bedriften min, solgte jeg for eksempel oreganoolje som jeg utelukkende kjøpte fra en leverandør. I begynnelsen var produkttilbudet ensidig. Oreganoolje var et nytt produkt, men etterspørselen fra forbrukerne fortsatte å øke jevnt og trutt.

Produktsortimentet mitt ble gradvis utvidet med et utvalg av eteriske oljer. Etter hvert inngikk jeg en strategisk allianse med en grossist, noe som gjorde det mulig for meg å tilby kundene mine et større utvalg av produkter uten å måtte bruke tid på lagerstyring. Jeg tjente en provisjon ved å fungere som mellomledd og markedsføre grossistens produkter.

Hovedpoenget er at det ofte er mer fordelaktig med en nisje som inneholder et bredt spekter av produkter. Folk har ulike behov, og handel styres av sannsynlighetsprinsipper. Sammenlignet med en nisje som kun tilbyr ett produkt, er det lettere å utvide kundebasen og oppnå suksess ved å tilby flere produkter.

Trinn 2: Finne en lokal leverandør

Dette trinnet handler om å finne en lokal leverandør for din nisje med et moderat til stort varelager.

Etter at du har identifisert nisjen din, må du finne en passende leverandør. Leverandøren kan være både lokal og internasjonal, men i denne diskusjonen vil vi konsentrere oss om lokale leverandører med lagerbeholdning.

Distribusjonsmodellen, som ofte brukes av internasjonale leverandører, er en spennende og potensielt lukrativ mulighet. Men den byr også på en rekke utfordringer. Selv om den gir mulighet til å generere passive inntekter, kan det være ganske komplisert å administrere den. Det kan være vanskelig å løse forbrukernes problemer når du ikke har direkte tilgang til de aktuelle produktene. Det kan også oppstå problemer med å yte kundeservice og løse problemer i en outsourcingsmodell.

I denne boken fokuserer vi på å samarbeide med lokale leverandører som administrerer sitt eget varelager og gir større direkte kontroll og involvering i forretningsdriften.

Den sentrale ideen dreier seg om å etablere en fremgangsrik nettbasert virksomhet som krever lite kapital, har begrenset risikoeksponering og gir mulighet for betydelige økonomiske gevinster. Kjernen i dette rammeverket er leverandøren, som i praksis fungerer som lagerholder. Denne metoden eliminerer behovet for å holde et konkret varelager. Omvendt fungerer du som et mellomledd som kapitaliserer på verdien og inntektene som genereres av leverandørens produkter. Både du og leverandøren tjener på dette symbiotiske forholdet, ettersom du fungerer som salgskanal og får en del av inntektene. Fortjenestemarginer og andre detaljer knyttet til dette partnerskapet vil bli grundig gjennomgått i den påfølgende diskusjonen om prisstrategier.

Dette forretningsparadigmet er elegant på grunn av sin allsidighet og tilpasningsevne. Sammensetningen av leverandører kan variere avhengig av hva som kjennetegner din nisje og dine forretningsmål. Det kan være tjenesteleverandører, håndverksbutikker, produsenter, grossister eller tradisjonelle forhandlere. Nisjen din gjenspeiles i prosessen med å velge leverandører, slik at du kan skreddersy virksomheten din etter de spesifikke kravene og egenskapene til markedet du har valgt.

Ved å inngå allianser med disse leverandørene får du tilgang til en rekke fordeler. Nedenfor er det listet opp flere viktige fordeler:

<u>Minimal finansiell risiko</u> :

Fraværet av investeringsforpliktelser knyttet til anskaffelse og lagring av varelager reduserer den økonomiske risikoen betraktelig. Ved å redusere etableringsbarrieren for ambisiøse gründere, reduseres det potensielle tapet dersom virksomheten ikke får den forventede oppslutningen.

Kostnadseffektivitet :

Det er mulig å drive virksomheten med minimale administrative kostnader. Det er ikke nødvendig med lager, lagerlokaler eller tilhørende kostnader. Denne kostnadseffektiviteten øker potensialet for fortjeneste.

Tilbyr ulike produkter :

Ved å utnytte leverandørenes ulike varelagre får du muligheten til å tilby et omfattende utvalg av produkter og tjenester som effektivt dekker de ulike behovene i målgruppen din. Gjennom diversifisering kan du tiltrekke deg et større antall kunder.

Prioritere salg og markedsføring :

Hovedvekten av virksomheten din bør ligge på salg og markedsføring. Uten å bli tynget av lagerstyring kan du fokusere på å markedsføre produktene og tjenestene dine, utvikle varemerket ditt og utvide kundebasen.

Utnytte ekspertise :

Leverandørene besitter ofte omfattende kunnskap og ekspertise på sine spesifikke områder. Du kan forbedre tilbudene dine, få tilgang til produkter av høy kvalitet og verdifull innsikt ved å utnytte deres erfaring.

<u>Skalerbarhet</u> :

Du kan enkelt utvide virksomheten etter hvert som den vokser ved å inngå allianser med flere leverandører eller utvide produkt- og tjenestesortimentet. Skalerbarheten gjør det mulig å ekspandere raskt, samtidig som man unngår de logistiske problemene som plager konvensjonelle bedrifter.

I bunn og grunn utnytter denne forretningsmodellen fordelene ved spesialisering og samarbeid, slik at du kan konsentrere deg om kjernekompetansen din - å skape kontakt med forbrukerne, markedsføre produkter og generere inntekter.

Det er et gjensidig fordelaktig økosystem der både du og leverandørene dine kan blomstre - en vinn-vinn-situasjon.

Vi skal se nærmere på flere aspekter ved denne forretningsmodellen, for eksempel prisstrategier, kundeengasjement og skalering for å sikre langsiktig suksess.

Anta at du har valgt smykkebransjen som din nisje på nettet. På dette tidspunktet er det hensiktsmessig å finne en pålitelig smykkeleverandør med kapasitet til å tilby et omfattende utvalg av produkter. Prosedyren begynner med å etablere kontakt med potensielle leverandører. Det er mulig å besøke dem, delta i en grundig dialog og be om en kopi av produktkatalogen. På denne måten kan du vurdere leverandørens troverdighet og vurdere utvalget av smykker de tilbyr.

Det er lurt å spørre om hvilke produkter som er mest populære i løpet av samtalen. Hvis du vet hvilke produkter som er mest etterspurt, kan du lettere tilpasse lagerbeholdningen til etterspørselen i markedet.
I tillegg bør du bruke tid på å undersøke leverandørens nettside hvis den har en digital tilstedeværelse. Ved å få

tilgang til produktene deres via denne digitale portalen kan man få betydelig kunnskap om omfanget av lagerbeholdningen og identifisere spesielle smykker som kan være egnet til å inngå i en nettbutikk.

En grundig gjennomgang av leverandørens katalog og tilstedeværelse på nettet gir deg den kunnskapen du trenger for å kunne ta velinformerte beslutninger om hvilke produkter som bør presenteres i smykkenisjen. Denne researchfasen sikrer at nettbutikken din tilfredsstiller ønskene og kravene til målgruppen din, og legger grunnlaget for et godt samarbeid.

Arbeidet med å finne den mest pålitelige leverandøren krever omfattende undersøkelser og grundighet. Leverandøren kan sammenlignes med en uvurderlig perle som oppdages under en gründerekspedisjon. For å etablere tillit og opprettholde kontinuitet, spesielt i startfasen, er det viktig å inngå allianser med pålitelige leverandører. Det er derfor viktig å komme i gang med leverandørjakten.

For å finne den beste leverandøren er det nødvendig å gjøre grundige undersøkelser. Når du for eksempel skal starte en virksomhet som salg av kosttilskudd, er det viktig å finne frem til de mest anerkjente forhandlerne i bransjen. Bedriftens suksess avhenger av leverandørens pålitelighet og kvalitet.

For å komme i gang med forespørselen bør du undersøke flere veier. Bruk Google for å finne potensielle leverandører som er i tråd med ditt kompetanseområde. Undersøk tidsskrifter for å finne omtaler av ledere i bransjen. Spør handelskammeret i ditt område om bransjens ledende selskaper. Slå opp i Gule sider for å finne leverandører og forhandlere som har spesialisert seg på din nisje. Du bør heller ikke undervurdere betydningen av å innhente anbefalinger fra bekjente og kolleger som kan ha verdifull innsikt.

Et viktig skritt i etableringen av en virksomhet er å sørge for at leverandøren har et fysisk lager som er lett tilgjengelig for bruk. Hvis du ikke tar hensyn til dette viktige elementet, kan det hindre deg i å nå dine mål. Invester derfor den tiden og energien som kreves for systematisk å identifisere og etablere et samarbeidsforhold med en pålitelig leverandør, da dette er selve bærebjelken i bedriftens virksomhet.

Når du har funnet en pålitelig leverandør, er den neste viktige oppgaven å starte prosessen med å lage en katalog. Dette innebærer å velge ut de produktene som skal selges innenfor en bestemt nisje, og deretter sette produktene sammen til en omfattende katalog. For å optimalisere dette arbeidet bør du vurdere å bruke et regnearkprogram som Excel eller Google Sheets.

Hvert produkt i denne katalogen fortjener en utførlig beskrivelse. Det er svært viktig å formidle hva som ligger bak forbrukernes ønske om å kjøpe et bestemt produkt. Gjør en ekstra innsats for å forbedre beskrivelsen av produktet for å gjøre det mer attraktivt, hvis det allerede finnes en slik beskrivelse. Kundene er ofte ikke klar over eksistensen eller nytten av bestemte produkter, og det er derfor ditt ansvar å informere dem.

Husk at når du utvikler katalogen din, vil den fungere som en verdifull referanse når du begynner å bygge nettstedet ditt. Ved å utarbeide grundige beskrivelser kan du både opplyse potensielle kjøpere og bidra til søkemotoroptimalisering (SEO). En katalog som er godt organisert og inneholder de riktige søkeordene, vil gjøre nettstedet ditt mer synlig og fremtredende i søk på nettet.

Når du oppretter denne katalogen, oppretter du i realiteten et virtuelt varelager - en uvurderlig samling produkter som du ikke har investert en eneste krone i å anskaffe. Det er du som må gjøre noe for å presentere denne samlingen for omverdenen og omsette den til handel. Det kan sammenlignes med å finne en personlig skatt på Alibaba, full av uutnyttet potensial som bare venter på å bli utnyttet og presentert for fornøyde kunder.

Det er viktig å forstå at prosessen med å finne en leverandør ikke krever at man er den eneste. Du har faktisk rett til å inngå partnerskap med et ubegrenset antall leverandører, forutsatt at de tilfredsstiller kravene til pålitelighet og har et konkret varelager. Tenk deg at du har bestemt deg for å spesialisere deg på salg av spedbarnsprodukter. I en slik situasjon kan man kjøpe inn varer fra leverandør X samtidig som man undersøker tilbudet fra leverandør Y. Denne strategien gjør det mulig å utvide produktkatalogen og dermed gi kundene flere valgmuligheter.

Av og til kan du bli oppmerksom på at både leverandør X og leverandør Y tilbyr det samme produktet, kalt produkt P. I slike tilfeller kan du beregne fortjenestemarginen ved å beregne gjennomsnittsprisen på produkt P fra begge leverandørene. Denne metoden sikrer konkurransedyktige priser uten at det går ut over evnen til å generere inntekter.

At et produkt egner seg for transport, er en annen kritisk faktor som må tas i betraktning når du lagerfører et virtuelt varelager. Enkelte produkter, for eksempel brennbare materialer eller luftkompressorer, kan by på problemer eller til og med juridiske begrensninger når det gjelder lufttransport.

Det er svært viktig å overholde transportbestemmelsene og være klar over disse begrensningene.

Husk at nettlageret ditt kan sammenlignes med et vell av potensielle ressurser som bare venter på å bli utnyttet. Gjør en innsats for å bygge opp, forbedre og utvide den. Det er svært viktig å prioritere kvalitet fremfor kvantitet, for hvis du har for mye på lager, går det ut over kvaliteten på produktene dine.

Det er svært viktig å oppnå en bærekraftig og pålitelig virksomhet, noe som krever en balansert tilnærming som ivaretar kundenes interesser og virksomhetens velstand.

Når du har funnet leverandører som passer til din nisje, er det viktig å strukturere virksomheten. En effektiv måte å gjøre dette på er å samle all produktinformasjonen i en CSV-fil (kommaseparerte verdier) eller et godt strukturert regneark.

Implementering av CSV-filer kan optimalisere prosessen betydelig når man bestemmer seg for å konvertere bedriften til en e-handelsplattform.

Opprettelse av CSV-filer forenkles av en rekke programvarealternativer, inkludert gratis programmer og programmer med åpen kildekode. Når du har brukt e-handelsplattformer som Shopify eller GoDaddy, vil disse CSV-filene være svært viktige. De revolusjonerer prosessen med å etablere en nettbutikk ved å effektivisere driften.

Utviklingen av nettstedet, som tidligere tok tre til seks måneder, kan nå fullføres på én til to uker, eller til og med raskere, avhengig av hvor mye innsats og tid som legges

ned i oppbyggingen av nettstedet.

Trinn 3: Bygge eller klone et e-handelsnettsted

I dette trinnet skal vi diskutere hvordan du bygger opp en nettbutikk ved å opprette en egen nettbutikk eller kopiere en eksisterende.

Med brukervennlige verktøy og moderne teknologi har det å lage en nettside utviklet seg fra å være en vanskelig oppgave til å bli en av de enkleste metodene for å etablere en tilstedeværelse på nettet.

For ti år siden var det vanskelig og kostbart å bygge en e-handelsplattform. I dag er det mulig å etablere et nettsted for e-handel selv om man ikke har den nødvendige teknologiske ekspertisen. Alternativt kan du sette bort oppgaven til en frilanser, men det kan medføre utgifter på mellom 100 og 1000 dollar, avhengig av hvilke spesifikasjoner du har i forhold til plattformer som GoDaddy eller Shopify.

Med en grunnleggende forståelse av datamaskiner og internett er det ikke så vanskelig å lage en nettside.

Domenenavn:

Du trenger et domenenavn for nettstedet ditt for å komme i gang.

Det er viktig å velge et minneverdig og tiltalende domenenavn, da dette øker oppdagbarheten av nettstedet ditt når Google indekserer det for Google Analytics. Et minneverdig navn er en ressurs i markedsføringen. Hvem kan vel glemme domenenavn som business.com eller amazon.com?

Utrolig nok ble domenenavnet business.com solgt for den betydelige summen av én million dollar, uten tilhørende nettside.

Begynn prosessen med å utvikle nettstedet ditt ved å søke etter et domenenavn som er lett å huske og som gjenspeiler kompetanseområdet ditt. Sørg for at navnet er kortfattet, fengende og oppsiktsvekkende. Når du har funnet det ideelle navnet, bør du sjekke at det er tilgjengelig for kjøp. Den årlige kostnaden for å registrere et domenenavn varierer fra $9,99 til $15. Hostinger og GoDaddy er blant de mange selskapene som tilbyr registrering av domenenavn.

Shopify, en plattform som er allment anerkjent for sine intuitive funksjoner for utvikling av e-handelsnettsteder, tilbyr også muligheten til å registrere et domenenavn. I tillegg til sine konkurrenter tilbyr GoDaddy en mer økonomisk og konkurransedyktig e-handelsbygger enn Shopify. Disse e-handelsplattformene eliminerer behovet for koding eller programmeringskompetanse for å gjøre det enklere å lage nettsteder.

E-handelsplattformer:

Når du har skaffet deg et domenenavn for nettbutikken din, kan du gå videre med utviklingen av nettstedet ditt. Det finnes tre enkle måter å etablere et nettsted for e-handel på, og den enkleste er å bruke en ferdig utviklet plattform som Shopify. Denne problemfrie plattformen gir deg frihet til å utvikle nettstedet ditt på en effektiv og rask måte.

CSV-fil (kommaseparerte verdier):

Du importerer ganske enkelt CSV-filen (Comma-Separated Values) som du har opprettet, til plattformen. I trinn 2 la jeg derfor vekt på betydningen av å lage en velorganisert lagerkatalog.

Etableringen av denne katalogen vil effektivisere prosessen med å utvikle nettbutikken din betraktelig, ettersom Shopify tar seg av de fleste arbeidsintensive oppgavene. Ditt hovedansvar er å legge til produktene dine på nettstedet ditt.

For de som ikke er kjent med uttrykket "eksport", betyr det å overføre data fra ett sted eller format til et annet, for eksempel produktinformasjonen i en CSV-fil.

Eksport i denne sammenhengen innebærer at du overfører informasjonen fra lagerkatalogen din til Shopify-plattformen, slik at produktene dine kan integreres sømløst på nettstedet ditt. Ved å bruke denne strømlinjeformede tilnærmingen kan du effektivt bruke tid og energi på å bygge opp nettbutikken din.

Hvis nettstedet ditt inneholder et relativt lite antall produkter, kan det være unødvendig å generere en CSV-fil; du kan legge inn varene manuelt. Shopify tilbyr en gratis prøveperiode på én måned, der du har nok tid til å legge til eller importere alle produktene manuelt fra CSV-filen. På samme måte tilbyr GoDaddys e-handelsplattform en gratis prøveperiode der produktene kan konfigureres.

OpenCart er et økonomisk alternativ til Shopify og GoDaddy. OpenCart er en e-handelsplattform som gjør det mulig å utvikle nettsteder med åpen kildekode. Betaling for hosting er det eneste kravet; prisene varierer fra $ 2.99 til $ 30 per måned, avhengig av brukerens krav til dataforbruk. Jeg vil foreslå Shopify, siden hosting er inkludert i deres månedlige abonnement. Etter en måneds gratis prøveperiode koster det rimeligste abonnementet

51 dollar per måned, etter at de tre første månedene faktureres med 1 dollar per måned.

I utgangspunktet er det ikke nødvendigvis nødvendig med et dyrt abonnement, men man kan velge å oppgradere etter hvert som salgsvolumet øker. I tillegg er GoDaddy et budsjettvennlig alternativ.

Butikkens temaer:

Før du begynner å utvikle nettstedet ditt, er det viktig å velge et passende tema for butikken din. Det finnes en rekke temaer tilgjengelig for din nisje, hvorav noen er gratis og andre kan kreve betaling. Mange gratis temaer er mer enn tilstrekkelig for et nettsted.

Shopify tilbyr et integrert betalingssystem for betalingsbehandling, noe som gjør det nødvendig å knytte den finansielle informasjonen til nettstedet ditt. Shopify tilbyr også løsninger for logistikk. Både nasjonale og private transportører er sømløst integrert i Shopify-plattformen, på samme måte som GoDaddy. Når det gjelder OpenCart, derimot, må du skaffe deg en API-nøkkel eller kode for å integrere systemene deres i e-handelsplattformen din, noe som krever at du innleder kommunikasjon med transportørene.

Både GoDaddy og Shopify tilbyr muligheten til å ansette egne spesialister til å hjelpe deg med utviklingen av nettstedet ditt. Vi kommer imidlertid ikke til å gå nærmere inn på disse tjenestene, ettersom vi i denne boken konsentrerer oss om å etablere en vellykket bedrift med en investering på 50 dollar. Det kan derimot være lurt å ansette frilansere fra alternative plattformer, som GoDaddy eller Shopify, som ofte tilbyr mer konkurransedyktige priser og kan ha betydelig ekspertise innen utvikling av nettsteder.

Selv om Shopify og GoDaddy er gode alternativer, er det viktig å være klar over at det også finnes andre alternativer. Enkelte bedrifter velger å bruke WooCommerce-plattformen, særlig hvis de har erfaring med å utvikle WordPress-nettsteder fra før.

WooCommerce kan integreres sømløst med WordPress-temaer, og gir dermed et ekstra alternativ for utvikling av e-handelsnettsteder.

Det er viktig å huske på at prosessen med å utvikle et nettsted for e-handel har blitt svært enkel i dagens digitale miljø. Det er derfor viktig å holde konsentrasjonen oppe og velge en plattform som passer til ens ferdigheter og hvor enkelt det er. Hvis du har erfaring med å utvikle WordPress-nettsteder, kan WooCommerce vise seg å være et utmerket valg.

Kloning:

Det finnes en smart mulighet til raskt å kopiere et etablert e-handelsnettsted som eies av leverandøren din, ved å kopiere det. Ved hjelp av programvare for netthøsting kan man effektivt produsere en CSV-fil med all nødvendig informasjon. Denne filen kan deretter eksporteres til en uavhengig e-handelsplattform. La oss tenke oss en situasjon der leverandøren din har en omfattende nettkatalog med mer enn tusen produkter. Ved å bruke en web scraper kan du enkelt hente ut disse dataene og bygge opp varelageret.

Selv om du mangler juridisk ekspertise, er det generelt tillatt å bruke programvare som web scrapers til dette formålet. For å tilføre nettstedet ditt litt kreativitet kan du deretter revidere produktbeskrivelsene ved hjelp av Quillbot eller andre gratis ressurser.

En av fordelene med å bruke web scrapers er at man raskt kan utvikle et nettsted for e-handel, selv om nettstedet inneholder et stort antall produkter, potensielt flere millioner. Når uttrekksprosedyren er fullført og CSV-filen er generert, er det bare å eksportere den til den foretrukne e-handelsplattformen (Shopify, GoDaddy, OpenCart osv.). Nettstedet ditt er nå i drift.

Å etablere en nettbutikk for å vise frem spesialiserte produkter til en potensielt enorm kundebase på millioner eller milliarder er det overordnede målet, uansett om man velger å utvikle et eget nettsted eller kopiere et eksisterende. Det er nettopp dette som er internettets fortryllende egenskap: det gir enestående muligheter for markedsføring.

Fremtredende e-handelsbedrifter som Shein, som debuterte som en beskjeden nettbutikk som spesialiserte seg på brudekjoler, og Amazon, som startet i en garasje, ekspanderte raskt til å bli milliardindustrier. I dag har du den samme muligheten takket være internett.

Det som tidligere krevde hundretusener av dollar i lån og finansiering, kan nå gjøres for så lite som 51 dollar i måneden, avhengig av hvilken e-handelsplattform man velger. På grunn av at nettbaserte virksomheter er så rimelige og tilgjengelige, kan ambisiøse gründere nå nå ut til et verdensomspennende publikum med minimale økonomiske utlegg.

Disse e-handelsplattformene har fora og videoveiledninger som gjør det enkelt å lære hvordan du setter opp nettstedet ditt, selv om du føler deg overveldet i starten. Det er viktig å huske på at den beste måten å overvinne utfordringer på er å ta dem på strak arm og holde ut.

Så snart du er ferdig med å lage nettstedet ditt, er det svært viktig å kontrollere at det inneholder korrekte beskrivelser og uttømmende informasjon om bedriften din.

"Om oss"

Når kundene går inn på nettplattformen din, bør de raskt kunne finne ut hvem du er, hvordan de kan komme i kontakt med deg og hva som er bakgrunnen for bedriften din. Du bør være spesielt oppmerksom på "Om oss"-området på nettstedet ditt, siden det er her du kan presentere informasjon om bedriftens bakgrunn, verdier og mål.

Tilliten til nettstedet ditt vil øke som et direkte resultat av din åpenhet og transparens.

Det er viktig å huske på at det faktum at selskapet ditt opererer i et virtuelt miljø, ikke er en grunn til å holde virksomheten skjult for offentligheten.

I stedet bør du prioritere å være åpen og ærlig med kundene dine for å gjøre deg fortjent til deres tillit.

<u>Registrering av virksomheten:</u>

Du bør også tenke over hvor viktig det er å registrere selskapet formelt. I bedriftens startfase er det ikke sikkert at dette har høyeste prioritet.

Dette gjelder spesielt med tanke på at du kanskje ikke har noen skattegjeld det første året hvis selskapet ikke har nådd en viss inntektsgrense.

<u>Skattemessige hensyn:</u>

På den annen side er det helt nødvendig å registrere selskapet og skaffe seg et skatteidentifikasjonsnummer så snart det begynner å utvikle seg.

Når du i fremtiden skal samarbeide med en regnskapsfører eller håndtere andre skatterelaterte spørsmål, vil dette trinnet vise seg å være en svært nyttig ressurs.

<u>Trinn 4: Finne riktig pris</u> :

I dette trinnet skal vi diskutere prisstrategi og lære hvordan du setter konkurransedyktige og lønnsomme priser.

Prissetting er en avgjørende faktor for bedriftens lønnsomhet. Det er viktig å huske på at målet er å etablere en lønnsom virksomhet, ikke en filantropisk virksomhet, noe som krever en minimal økonomisk investering og en nesten ikke-eksisterende grad av risiko.

Derfor er det viktig å fastsette riktige priser på produktene dine. Prisstrategien din bør være i samsvar med de tiltenkte fortjenestemarginene, antallet og variasjonen av produkter du tilbyr, og nisjen din.

Det er spesielt viktig å unngå for høye priser når en leverandør tilbyr identiske produkter for salg på nettet. Det er viktig å finne en balanse mellom lønnsomhet og konkurransedyktighet.

Anta for eksempel at du kjøper 20 enheter av produkt X fra leverandøren til en pris på 6 dollar stykket, og at du selger dette kvantumet hver måned. Det vil være mer lønnsomt å videreselge dem for 5 dollar i stedet for å ta 8 dollar. På denne måten oppnår du en fortjeneste på 40 dollar per solgte produkt.

En for høy prisvekst kan potensielt begrense det månedlige salget til fem varer, noe som gir en fortjeneste per produkt på 20 dollar i stedet for de planlagte 40 dollarene.

Det avgjørende er å begynne gradvis og konsekvent. I stedet for å bekymre deg for hvor raskt du vil begynne å tjene penger, bør du konsentrere deg om å være konsekvent.

Et fransk ordtak sier: "Appetitten kommer med maten."

<u>**Samarbeid med leverandører**</u>:

Etter hvert som bedriften ekspanderer, kan det være lurt å vurdere å inngå partnerskap med andre leverandører enn den nåværende, noe som kan øke fortjenestemarginene ytterligere. For å sikre at bedriften din lykkes, bør du derfor prioritere lavrisikodrift, jevnt salg og effektive markedsføringsstrategier.

På samme måte varierer den potensielle fortjenestemarginen avhengig av nisjeproduktet. La oss se for oss et eksempel der man bestemmer seg for å spesialisere seg på salg av smykker etter å ha funnet en nisje og en pålitelig leverandør. Da kan produkter som for eksempel et gullanheng generere betydelige fortjenestemarginer.

Hvis leverandøren din for eksempel oppgir en ring til 500 dollar, kan det tenkes at du kan selge den videre på nettstedet ditt for mellom 600 og 800 dollar. Dette er ikke i seg selv prisinflasjon, ettersom smykker ofte har en egenverdi og gir vesentlig høyere fortjenestemarginer enn andre produktkategorier.

Hvis du selger barneleker og en bestemt leke (kalt Leketøy A) tilbys av leverandøren din for 80 dollar, er det ikke sikkert at du har lov til å legge på mer enn 100 dollar på nettstedet ditt. Ettersom nisje- og markedsdynamikk spiller en viktig rolle, finnes det ingen universell formel for å fastsette produktpriser. Det er svært viktig å finne balansen mellom konkurransedyktige priser og lønnsomhet i den aktuelle bransjen.

<u>Fortjenestemarginer:</u>

Når du har å gjøre med et stort varelager, for eksempel når du selger skjønnhetsprodukter med over 2000 varer fra leverandørene dine, kan det være enklere å fastsette priser ved hjelp av en prosentbasert margin. En effektiv metode er å bruke en fast prosentvis fortjenestemargin på hver produktkostnad. Du kan for eksempel bestemme deg for en fortjenestemargin på 15 % som legges til kostprisen for hver enkelt vare.

Ved hjelp av verktøy som et CSV-ark og regnearkprogramvare som Excel kan du effektivt bruke denne marginformelen på alle produktene dine. Dette forenkler prisfastsettelsesprosessen betraktelig, slik at du raskt kan fastsette salgsprisen for hver enkelt vare på lageret.

Ved å bruke en konsekvent prosentbasert margin for hele produktutvalget ditt kan du ikke bare effektivisere prisstrategien, men også sikre at prisene forblir konkurransedyktige og i tråd med profittmålene dine. Det er en effektiv måte å opprettholde konsistente priser på samtidig som du administrerer en stor og mangfoldig produktkatalog.

Prissetting av skjønnhetsprodukter, som vanligvis består av mer enn 2000 artikler fra leverandører, kan enklere håndteres ved å implementere en prosentbasert marginstrategi. En effektiv metode er å innføre en fast prosentvis fortjenestemargin på hvert enkelt produkt.

Man kan for eksempel fastsette en fortjenestemargin på 15 % som legges til varens kostpris.

Programvare for regneark:

Ved å bruke regnearkprogramvare som Excel og CSV-ark kan du effektivt implementere denne marginformelen på alle produkter. Dette effektiviserer prissettingsprosedyren og gjør det mulig å fastslå salgsprisen for hver enkelt vare på lageret.

Ved å bruke en enhetlig prosentbasert margin for hele produktlinjen sikrer du at prisene forblir konkurransedyktige og i samsvar med profittmålene dine, samtidig som du effektiviserer prisstrategien. Samtidig som du har oversikt over et stort og variert produktsortiment, sikrer denne metoden en enhetlig prissetting på en effektiv måte.

Etter hvert som du får innsikt i produktets ytelse, kan du ta informerte beslutninger om prisjusteringer.

La oss for eksempel si at du har et bestselgende produkt, Produkt X, og at du konsekvent selger 1000 enheter av det hver måned. Etter en analyse oppdager du at du ved å tilby kuponger eller rabatter kan øke salget av dette produktet til 8-10 ganger det nåværende volumet.

I et slikt scenario blir det et logisk valg å redusere prisen på produkt X for å utnytte den økte etterspørselen og øke salget betydelig.

Hvis du vil ha verdifull innsikt i hvordan du utarbeider en effektiv prisstrategi, anbefaler jeg at du leser bøkene til Alex Hormozi.

Trinn 5: SEO og markedsføringsstrategier

Når denne veiledningen nå nærmer seg slutten, er det viktig å understreke at etableringen av en e-handelsvirksomhet bare er starten.

Selv om nettstedet ditt er i drift og tar imot bestillinger, er det fortsatt nødvendig å sørge for at det er synlig for å generere salg.

Søkemotoroptimalisering (SEO) er en viktig faktor i denne sammenhengen. Du kan øke sannsynligheten for å få en høy plassering i Googles søkeresultater betraktelig ved å integrere nøkkelord i metataggene og beskrivelsene på nettstedet ditt.

<u>Nøkkelord:</u>

Når en bruker skriver inn et søkeord som er knyttet til produktene dine, øker sannsynligheten for at nettstedet ditt vises i søkeresultatene.

Nøyaktig plassering av metatagger og beskrivelser er avgjørende for SEO-suksess. Shopify tilbyr dessuten et praktisk AI-verktøy (kunstig intelligens) som kan hjelpe deg med å lage metabeskrivelser. Noen få, enkle ord er alt som trengs for at dette AI-verktøyet skal generere fengslende beskrivelser.

Bilder av produktene dine i høy kvalitet er like viktig. Du må skaffe bilder fra Internett eller fra leverandørene dine hvis du ikke selv har bilder. Det er praktisk talt umulig å selge et produkt på nettet uten et tilhørende bilde, siden det visuelle spiller en avgjørende rolle for å tiltrekke seg og engasjere potensielle kunder.

Dropshipping:

Når man driver med dropshipping, lanserer et nytt produkt eller etablerer en nettbutikk for en fysisk butikk, står man overfor et stort dilemma: Hvordan kan man garantere at forbrukerne finner nettbutikken?

De som finner e-handelsplattformen din via en søkemotor, spør som regel etter sammenlignbare produkter, noe som øker sannsynligheten for en vellykket handel. Ved å bruke søkemotoroptimalisering (SEO) kan du gjøre nettbutikken din mer synlig og øke sannsynligheten for at potensielle kunder finner produktene dine i søkeresultatene.

Folk som leter etter informasjon på Internett, begynner ofte søket med å bruke kjente søkemotorer som Google eller Bing.

Disse søkemotorene er ment å filtrere gjennom det varierte materialet som finnes på nettsteder, og generere en rangert liste med resultater i henhold til de nøyaktige søkene som er angitt. Først finner de ut hvilke nettsteder som har størst mulighet for å være relevante for søket, og deretter viser de resultatene i den rekkefølgen de er relevante.

Søkeresultater:

Nettbutikkens synlighet i søkeresultatene kan påvirkes av en rekke faktorer, blant annet følgende:

- Prosentandelen av nettstedets totale trafikk som kommer fra ubetalte eller organiske kilder, for eksempel sosiale medier eller andre nettsteder, som lenker til nettstedets butikk.

- Nettstedets autoritet, målt ut fra aspekter som brukerengasjement og andre relevante indikatorer.

- Antall år du har eid domenenavnet ditt.

- Både strukturen og innholdet på nettstedet ditt forbedres slik at det blir mer brukervennlig for søkemotorene.

Det kan være vanskelig for dem som nettopp har begynt i nettbutikkens verden å få umiddelbar innvirkning på de tre første elementene.

Å bygge opp et positivt omdømme for bedriften din tar tid og krever jevnlig innsats, og det samme gjør det å skaffe tilbakekoblinger fra andre nettsteder. Med en innholdsstrategi kan du derimot legge planer for langsiktig suksess.

Optimalisering av innholdet ditt slik at det blir lettere å identifisere for søkemotorene i forbindelse med søk på produktene dine, er den enkleste måten å få mer trafikk til nettbutikken din på kort sikt. Dette vil hjelpe deg med å selge mer av det du selger på nettet.

Denne metoden kalles gjerne SEO, som står for "søkemotoroptimalisering".

For å forbedre søkemotoroptimaliseringen av et nettsted for en nettbutikk er det noen grunnleggende strategier som må brukes.

I det følgende presenteres flere eksempler på slike strategier:

Finn ut hvilke ord og uttrykk forbrukerne skriver inn i søkemotorene for å finne varer og tjenester som ligner på dine, og utnytt disse. Hvilke søkeord er mest effektive når det gjelder å lokke kunder til å handle hos dere?

Opprette innhold:

Når du lager innhold til nettstedet ditt, er det viktig å huske å legge til relevante søkeord på strategiske steder, for eksempel i sidetitler, metabeskrivelser og alt-tekst til bilder.

Det er svært viktig å kontrollere at nettadressene og filidentifikatorene stemmer nøyaktig overens med innholdet som vises på skjermen.

Ved å legge til hele domenet i Google Search Console kan du øke gjennomsøkings- og indekseringsfrekvensen på nettstedet for nettvirksomheten din.

Blogger:

Å integrere informasjon fra en blogg på et nettsted er en supplerende og effektiv måte å øke den organiske trafikken til nettstedet på.

Denne strategien har potensial til å øke den organiske trafikken til nettstedet over en lengre periode, noe som i siste instans kan føre til økt salg. Verktøyene for bloggpublisering og innholdsgenerering som er inkludert i de fleste e-handelsplattformer, kan brukes effektivt til en rekke formål.

På samme måte som det er viktig å vedlikeholde bloggen din og optimalisere nettstedet ditt for søkemotorer, er markedsføring en av de viktigste faktorene for at nettbutikken din skal lykkes.

Den mest effektive markedsføringsstrategien er vanligvis den som krever minst økonomiske ressurser, men som likevel gir de ønskede resultatene.

En mulig metode for å kickstarte markedsføringen er å spre innlegg på egne plattformer i sosiale medier som er relevante for bedriften og det den selger.

Sosiale medier:

Å opprette egne sider på kjente sosiale medier som Facebook og Instagram kan være en effektiv metode for å gjøre potensielle kunder kjent med bedriftens tilbud og øke merkevarekjennskapen.

I tillegg bør du vurdere å opprette en YouTube-kanal. Produktoppslagene dine vil bli sett av flere hvis du deler dem på en gjennomtenkt måte i Facebook-grupper som er relevante for målgruppen din, samt på spesialiserte nettsteder for gratis rubrikkannonser som er tilpasset din markedssektor.

Markedsføring:

Vi anbefaler at du tenker over hvordan du kan lage visittkort med en kort oppsummering av bedriften din og nettbutikkens URL. Dette gjør det mulig for deg å gi kortene til alle du kommer i kontakt med.

I tillegg anbefales det på det sterkeste at du vurderer å henge opp løpesedler og annet reklamemateriell for organisasjonen din på oppslagstavlene som vanligvis finnes på universitetsområder.

Siden markedsføring spiller en så avgjørende rolle for å tiltrekke seg og beholde en større kundebase, er det viktig å legge stor vekt på denne delen av virksomheten. Det er viktig å huske på at en vellykket markedsføringsinnsats kan ha direkte innvirkning på hvor store økonomiske fordeler man opplever.

Hvis nettstedet allerede genererer inntekter, bør man tenke over muligheten for å reinvestere en del av disse pengene i andre former for markedsføringsaktiviteter hvis man ønsker å fortsette å utvide virksomheten.

Organisasjoner har nå mulighet til å gjennomføre målrettede annonseringsaktiviteter på flere plattformer, for eksempel Google Ads og Facebook Ads, og de kan tilpasse kampanjene til sine økonomiske ressurser.

Eksempler på slike plattformer er Google og Facebook. Hovedformålet med dette arbeidet er å øke antallet personer som kjenner til og er oppmerksomme på nettstedet ditt, og som bruker internett.

Det er lurt å henvende seg til sine bekjente uten å nøle og be dem om hjelp til å markedsføre nettstedet, samtidig som man oppfordrer sine forbindelser til å gjøre det samme.

Dette er den beste fremgangsmåten hvis man har bekjente som har en stor tilhengerskare eller et bredt nettverk. Til tross for at pyramidemarkedsføring tilsynelatende ser beskjedent ut, har den muligheten til å nå ut til et stort antall personer, kanskje hundrevis eller millioner.

Dette skyldes at pyramidemarkedsføring fungerer ved at deltakerne oppfordres til å rekruttere andre til å delta i systemet.

Fordeler ved kundelojalitet:

En nyttig metode for å oppmuntre til gjentatte besøk på nettstedet ditt er å gi lojale kunder muligheten til å tjene premier for sin kontinuerlige oppslutning om selskapet ved å gi dem lojalitetsfordeler. Denne strategien hjelper ikke bare bedrifter med å holde på eksisterende kunder, men fører også til høyere inntekter og en bredere kundedemografi.

Kanaler:

Bruk av e-posttrakter er en annen effektiv taktikk som bør tas i betraktning. En markedsføringsstrategi kjent som en e-posttrakt er en teknikk som ble utviklet for å lede potensielle kunder langs en vei som til slutt resulterer i at de blir kjøpere. Det er en metodisk fremgangsmåte som benytter seg av e-postkorrespondanse for å kultivere potensielle kunder og gjøre dem til betalende kunder.

E-posttrakter består av en serie nøye produserte e-poster som er designet for å sendes i rekkefølge. Hver e-post har en unik funksjon i forbindelse med kundereisen. Målet er å lede potensielle kunder gjennom en rekke faser, som begynner med den første bevisstgjøringsfasen og slutter med konverteringsfasen.

Helt i begynnelsen av salgsprosessen er det primære målet å øke bevisstheten om merkevaren og fange interessen til potensielle kunder. Etter hvert som prosessen skrider frem, blir målet å skape engasjement, vekke nysgjerrighet, gi innhold som engasjerer, og til slutt oppmuntre til konvertering.

Gjennomføringen av slike trakter avhenger ofte i stor grad av automatisering av e-postkommunikasjon. Det gjør det mulig for bedrifter å sende relevant og tidsriktig kommunikasjon til enkeltpersoner basert på deres interaksjon med tidligere e-poster eller atferd på nettstedet.

Disse interaksjonene kan hentes fra personens historikk når det gjelder interaksjon med nettsteder eller e-poster. E-posttrakter har som mål å optimalisere muligheten for å gjøre potensielle kunder til fornøyde kjøpere ved å levere god informasjon, løse behov og gi tilbud på en smart måte.

En e-posttrakt er i bunn og grunn et dynamisk markedsføringsverktøy som leder potensielle kunder langs en forhåndsbestemt vei. Derfor er det en effektiv strategi for bedrifter som ønsker å øke antall konverteringer og forbedre forholdet til kundene.

KONKLUSJON

"From Zero To E-Commerce Hero" av Abraham Wright er en praktisk og handlingsrettet guide for alle som ønsker å oppnå bemerkelsesverdig suksess i e-handelens verden. Som beskrevet i de fem grunnleggende trinnene, avmystifiserer denne boken veien til å bygge opp en millionforretning på nettet med et budsjett på bare 100 dollar i måneden.

Reisen begynner med "Finn en nisje", der du lærer å identifisere et markedssegment som passer perfekt til forretningsmålene dine. "Finne en lokal leverandør" er nøkkelen til å sikre deg det nødvendige varelageret og dermed legge grunnlaget for e-handelssatsingen. "Bygge en e-handelsside eller klone en" gir deg de viktigste verktøyene for å etablere en digital tilstedeværelse som fanger publikums oppmerksomhet.

Når grunnlaget er lagt, kan du dykke ned i "Getting the Price Right". Her får du kunnskap om hvordan du setter konkurransedyktige og lønnsomme priser, noe som er avgjørende for å lykkes. I "SEO og markedsføringsstrategi" får du vite hvilke strategier og taktikker du trenger for å markedsføre virksomheten din på en effektiv måte og øke synligheten på nettet.

I en verden der e-handel kan være et komplekst og skremmende landskap, tilbyr "From Zero To E-Commerce Hero" en klar og praktisk fortelling som guider deg fra null til helt, der løftet om suksess er håndgripelig og veien er opplyst.

Enten du nettopp har begynt med e-handel eller ønsker å løfte din eksisterende virksomhet, gir denne boken deg muligheten til å gripe sjansen og stake ut kursen mot e-handelens triumf. Så ta fatt på denne forvandlingsreisen, følg disse fem viktige stegene og skriv din egen suksesshistorie fra null til e-handelshelt.

Slutten